시간의 화살이란 무엇인가?

QU'EST-CE QUE LA FLÈCHE DU TEMPS?
by Gabriel Chardin

민음 바칼로레아 059

시간의 화살이란 무엇인가?

가브리엘 샤르댕 ǀ 곽영직 감수 ǀ 김성희 옮김

민음in

차례

질문 : 시간의 화살이란 무엇인가?

과거와 미래는 많이 달라 보인다. 미래는 만들어 가야 하는 반면, 과거는 확정된 것처럼 보이지 않는가? 어떤 사람의 일생을 하루에 몇 장면씩 담아서 영화로 만든다고 할 때, 우리는 그 사람이 늙어가는 것만 보게 될 뿐 다시 젊어지는 것은 절대 볼 수 없다. 만약 다시 젊어지는 것을 본다 하더라도, 실제 상황이 그런 것이 아니라 어디까지나 필름이 거꾸로 돌아가고 있는 것임을 우리는 알고 있다.

그렇다면 과거와 미래 사이에 그러한 불균형이 존재하는 것은 무엇 때문일까? 입자 차원의 현상들이 어떤 미세한 시간의 화살을 가지고 있어서, 복잡한 현상들까지도 그 화살의 방향을 차례차례 따르게 되는 것일까? 아니면 그 반대로, 우주라는 가장 큰 차원에서 어떤 비대칭성에 의해 시간의 화살이 결정되는 것일까? 그 질문들에 대한 답은 사람들이 처음에 생각했던 것보다 훨씬 더 복잡하다. 입자 차원의 미시적 세계와 우주 차원의 거시적 세계는 겉으로 보기에는 서로 연결되어 있지 않은, 각각의 시간 화살을 보여주고 있기 때문이다.

답을 얻기가 복잡하다 하더라도, 열역학 제2법칙과 관련된 몇 가지 사실을 되짚어 보는 것으로 시작해 보자. 수십 년에 걸쳐 완성된 열역학 제2법칙은 어떤 계(系)의 변화를 수량으로 표시할 수 있게 해주었다. 에너지나 운동량의 보존을 개입시키는 다른 물리 법칙들과는 달리, 열역학 제2법칙은 계의 상태를 특징짓는 변수, 즉 엔트로피를 도입하고 있다. 고립계의 경우 극도로 느리고 상당히 이상적인 변화에 해당되는 경우를 제외하면 엔트로피는 계속해서 증가한다. 따라서 엔트로피는 어떤 계에서 점점 커지는 복잡성(complexity)과 노화 정도를 알려주는 척도가 된다고 할 수 있다. 엔트로피의 개념을 일단 이해하고 나면 우주의 변화와 먼 미래를 예측하는 일도 가능해질 것이다.

1

시간의 화살을
지배하는 것은 무엇일까?

열역학 제2법칙은 어떻게 나오게 됐을까?

우주가 열을 내며 연소되고 있고, 바로 그러한 현상과 그로 인해 야기되는 온도의 이질성이 시간의 화살*을 지배한다는 생각은 점차적으로 형성되었다. 그런데 그에 앞서 1810년 무렵 프랑스의 젊은 공학자 니콜라 사디 카르노는 그가 '불의 동력'이라고 부른 열에너지를 어떻게 하면 더 잘 활용할 수 있을지 알아내기 위한 연구를 하고 있었다. 뜨거운 열원과 차가운 열원 사이에서 작동하는 열기관이 같은 열량에서 가장 많은 동력을 끌어낼 수 있는 가장 좋은 방법은 무엇일까?

●　●　●　●

시간의 화살(arrow of time)　과거와 미래를 구별하고 시간에 방향을 부여하는 개념으로, 영국의 천체 물리학자 아서 에딩턴이 처음 사용했다.

카르노는 열이 뜨거운 물체에서 차가운 물체로 흘러가는 것을 비가역 변화*의 한 가지 예라고 생각했다. 두 물체의 온도가 같아지면 더 이상 열이 흘러가지 않게 되고 그렇게 되면 더 이상 동력을 발생시킬 수 없다. 가령, 바다의 모든 부분이 온도가 같다면 바다가 아무리 많은 에너지를 가지고 있다 해도 바다에서 동력을 발생시킬 수는 없다.

카르노는 열이 뜨거운 물체에서 차가운 물체로 흘러가는 것이 비가역성의 원인일 것이라고 생각했다. 그래서 그는 가역 기관을 만들기 위해 열이 높은 온도에서 낮은 온도로 흘러가게 하는 대신 팽창(기체가 피스톤을 미는 것)과 압축을 통해 온도를 올리거나 내려서 원하는 온도에 도달하게 하는 방법을 생각했다. 카르노는 높은 온도를 낮은 온도로 바꾸고, 또 반대로 낮은 온도는 높은 온도로 바꾸는 그러한 팽창 및 압축을 등온 팽창* 및 등온 압축과 배합함으로써, 열기관 안에서 무한히 반복되면서 일을 발생시킬 수 있는 순환 과정*을 고안했다.

이처럼 열의 활용에서 질적인 기준, 즉 연소 과정에서 생기

• • • •

비가역 변화 가역 변화가 아닌 변화. 물질계의 변화 가운데 그 계도 외계도 모두 본디의 상태로 돌아갈 수 없는 변화를 이른다. 열전도나 확산 따위가 대표적인 예이다.

등온 팽창 온도는 같고 부피는 커지는 변화. 압력은 낮아진다.

는 열을 어떤 조건에서 가장 잘 활용할 수 있는지 알 수 있는 기준을 정의했다는 데 카로노의 천재성이 있다. 산업 시대 초기에 이 문제는 정말 중요한 것이었다. 이와 관련된 지식 덕분에 열기관이 조금씩 개량되었고, 사람이 직접 힘으로 해야 하는 일들이 줄어들면서 오늘날 우리가 알고 있는 산업 세계에까지 이른 것이다. 카르노는 같은 열량에서 최대의 동력을 발생시키는 이상적인 열기관을 고안했는데 이를 **카르노 사이클**이라고 부른다. 물론 실제의 열기관은 이상적인 카르노 사이클보다 열효율이 낮다. 품질이 좋은 기관이라 해도 효율이 50퍼센트를 넘지 않는 경우가 많다. 그러나 카르노가 제시한 원리는 열기관에는 최대 효율이 존재한다는 것을 처음으로 알게 해 주었다.

카르노의 원리는 독일의 물리학자 루돌프 클라우지우스와 영국의 물리학자 윌리엄 톰슨에 의해 더 명확해진다. 클라우지우스와 톰슨은 고립계에서 실제로 일어나는 변화에서는 **엔트로피**가 시간의 흐름에 따라 항상 증가한다는 것과, 따라서 엔

- - - -

순환 과정 기체를 등온 팽창 → 단열 팽창 → 등온 압축 → 단열 압축의 순서로 변화시켜 처음의 상태로 복귀시키는 열역학 사이클을 말한다.
고립계 외계에 대하여 폐쇄되어 있는 계. 외부와 에너지나 물질의 교환이 이루어지지 않는다.

트로피는 계의 변화 정도를 나타낸다는 것을 알아냈다. 카르노가 열역학 제2법칙에 해당되는 원리를 발견했다는 사실은, 열과 일의 개념 및 에너지 보존의 법칙(열역학 제1법칙)이 그가 이 원리를 발견하고 50년이 지나서야 나왔다는 점에서 한층 더 놀랍다. 그렇게 해서 카르노, 클라우지우스, 톰슨의 연구는 계의 변화를 설명하는 제2법칙이 세상에 나오게 해주었다. 외부로부터 열을 받지 않는 물체가 실제 변화를 겪는 동안, 그 물체의 엔트로피(물체의 변화와 복잡성의 척도가 되는)는 증가하거나 적어도 그대로 머물러 있다는 것이 바로 그 법칙이다.

계의 복잡성 정도와 시간의 화살을 이해하는데 새로운 큰 진전이 이루어진 시기는 19세기 후반으로, 오스트리아의 물리학자 루트비히 볼츠만이 그 주인공이다. 볼츠만의 직관은 어쩌면 카르노의 천재성보다 더 놀랍다고 할 수 있다. 실제로 원자의 성질이 분명하게 밝혀지기 훨씬 전에,(원자의 성질은 20세기

• • • •

엔트로피(entropy) 물질계의 열적 상태를 나타내는 물리량을 말하는데, 바꿔 말하면 물질계의 무질서한 정도를 나타내는 개념으로 이해할 수 있다. 엔트로피가 증가한다는 것은, 물체 또는 공간이 질서 있는 상태로부터 무질서한 상태로 바뀐다는 뜻이다. 이때 그 가역 현상은 자발적으로는 일어나지 않는데, 옷에 번진 잉크가 다시 잉크 방울로 모이지 않는 것, 태운 종이의 재가 다시 종이가 되지 않는 것 등이 그 예라고 할 수 있다.

초 아인슈타인의 연구를 통해 결정적으로 확인된다.) 볼츠만은 엔트로피가 어떤 물리계의 정확한 미시적 상태에 대한 우리의 무지를 말해주는 척도라고 생각했고, 그것을 그 물리계의 '복잡성'이라고 불렀다. 그는 우리가 어떤 계의 원자 성분들에 부여한 크기와 에너지에 양립시킬 수 있는 미시적 상태의 수, 다시 말해서 분자들의 속도와 위치가 서로 다르게 배치되는 수에 근거해서 복잡성을 통계적으로 표현할 것을 제안한다.

볼츠만에 따르면 엔트로피는 어떤 계가 가질 수 있는 상태의 수의 로그값으로 정의된다. 엔트로피는 밀도가 낮고 분자들이 서로 멀리 떨어져 있는 기체의 경우에 그 값은 아주 크며, 계에 포함되어 있는 입자의 수와 비례한다. 그에 비해 온도를 많이 낮추게 되면 분자들은 일반적으로 결정 구조 안에 모이게 되는데, 온도가 낮을수록 더 완벽한 결정 구조가 만들어져서 그 모양을 그려내기가 쉬워진다.

그러한 표현은 언뜻 보기에는 엔트로피에 대한 전혀 다른 표현인 것 같다. 그러나 자세히 살펴보면 엔트로피에 대한 통계적인 표현과 엔트로피의 열역학적 형태 사이에 긴밀한 관계가 존재하고 있고, 심지어 일치성까지 존재하고 있음을 알 수 있다. 볼츠만이 제안한 엔트로피 공식($S=k \log W$, 즉 어떤 계에 있을 수 있는 상태의 수를 계산한 수의 로그값)은 어떤 계에서 변화가 일어나는 동안 이전 상태로 돌아가는 것이 어느 정도로 불가능한 일인지 양적으로 규명하게 해준다. 즉 이 공식은 변화와 관련된 비가역성을 수량으로 표시해 주는 것이다.(이와 관련된 예는 '맥스웰의 도깨비'에 대한 장에서 알아볼 것이다.)

그러나 볼츠만은 너무 멀리 가는 오류를 범한다. 언뜻 봐서 충분히 당연한 것처럼 보였던 비가역성에 대해, 그것이 계의 변화의 타고난 속성이라는 것을 분자 혼돈(molecular chaos) 및 충돌하는 입자들의 운동의 독립성에 대한 가설을 이용해서 증명하겠다고 주장했기 때문이다. 비가역성에 대한 볼츠만의 통계적 설명은 맹렬한 반박에 부딪쳤다.

볼츠만의 생각에 대한 반박은 주로 다음 문제를 중심으로 제기되었다. 원자 사이의 모든 미시적 반응이 가역적인 성질을 띠고 있는데 그러한 미시적인 차원으로부터 비가역성을 끌어내겠다고 주장하는 일이 어떻게 가능한가 하는 것이다. 원자 차원에서 볼 때, 엔트로피의 증가를 가져오는 모든 변화에 대해 거꾸로 촬영된 형상을 연결시킬 수 있다. 원자 차원에서는 입자들의 모든 움직임이 처음 시간에 비해 거꾸로 이루어지기

* * * *

• S는 엔트로피, k는 볼츠만 상수, W는 원자들의 배치에 의해 어떤 상태가 나타날 수 있는 수에 해당된다.

도 하고, 엔트로피가 시간의 흐름에 따라 줄어들기도 한다는 말이다. 오늘날 우리는 볼츠만의 '분자 혼돈' 가설이 그가 일반적인 방식으로 증명하겠다고 주장했던 비가역성을 포함하고 있고, 그 자체로 증명이 된다는 것을 알고 있다. 어쨌든 엔트로피에 대한 볼츠만의 설명은 지금도 여전히 유효하며 오류에도 불구하고 높은 효용성을 지닌다.

볼츠만은 자신의 이론에 가해진 반박에 부담을 느껴 두 번이나 자살을 시도했고, 결국 1906년에 생을 마감하게 된다. 그런데 아이러니하게도 그가 죽기 바로 직전인 1905년에 알베르트 아인슈타인이 브라운 운동, 즉 작은 크기의 물체가 입자들의 개별적인 충돌에 의해 어쩔 수 없이 하게 되는 불규칙적인 운동˚에 대한 미시적, 통계적 이해를 가능하게 해주는 논문을 발표한다.(아인슈타인은 그 공을 인정받아 1921년에 노벨상을 받는다.) 결국 볼츠만이 엔트로피에 관한 이론을 만들 때 근거했던 분자의 존재에 대해 에른스트 마흐처럼 아주 완고한 회의주의자들도 결국은 인정을 하게 된다.

• • • •

• 이를테면 물에 떠 있는 꽃가루가 계속 불규칙하게 움직이는 것은 물 분자가 꽃가루에 끊임없이 충돌하기 때문이다. 1827년에 영국의 식물학자 브라운이 꽃가루 입자를 현미경으로 관찰하다 발견했기 때문에 '브라운 운동'으로 불린다.

맥스웰의 도깨비는 시간의 흐름을 되돌릴 수 있을까?

1870년 경 영국의 물리학자 제임스 클럭 맥스웰은 일명 '맥스웰의 도깨비(Maxwell's demon)'를 생각해낸다. 수백 편의 논문을 낳고, 비가역적인 것이 무엇인가에 대한 이해를 발전시킨 것이 바로 그 도깨비이다. 현상을 연구한 두 물리학자의 이름을 따서 '줄 게이뤼삭(Joule Gay-Lussac)의 팽창'이라고 불리는, 비가역적인 성질이 강하게 드러나는 반응에서부터 시작해보자.

칸막이로 나누어져 있는 용기가 하나 있는데, 두 칸의 부피는 서로 같다. 우선 두 칸 중 한쪽에만 기체를 채우고 다른 쪽은 비워둔다. 누군가 중간에 있는 문을 재빨리 내리면, 기체는 비어 있던 칸으로 빠져나가게 될 것이다.(19쪽 그림 참조) 기체가 들어올 수 있게 열려진 칸은 이제 기체로 갑자기 완전히 채워지게 되고, 두 칸 사이의 압력은 신속하게 같아진다. 그런데 중간의 문이 일단 열렸다 하면 그 반대의 변화는 절대 볼 수 없다.

다시 말해서, 기체가 원래 비어 있던 칸을 두고서 처음의 칸으로만 다시 모이는 일은 없다는 말이다. 볼츠만의 엔트로피

표현 방식을 활용하면 그러한 변화의 불가능 정도를 수치로 계산할 수 있다. 보통의 압력에서 용기의 부피가 수 세제곱미터일 경우, 분자의 수는 약 10^{23}개이다.(분자의 수가 그만큼 어마어마하기 때문에 기체가 우리 눈에는 연속적인 유체로 보이는 것이다. 기체 원자의 성질은 엄청난 원자의 수에 의해서 가려진다.) 10^{23}개의 분자 하나하나는 어떤 특정 순간에 첫 번째 칸에 있을 확률이 2분의 1이므로, 모든 분자들이 첫 번째 칸에 다시 모일 확률, 즉 줄 게이뤼삭의 팽창에 있어서 회귀의 불가능 정도를

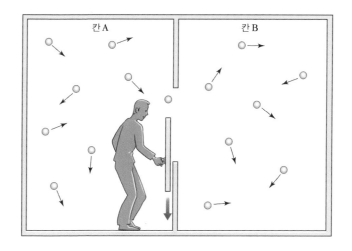

칸막이로 나누어져 있는 두 칸 중 한쪽에만 기체를 채우고 다른 쪽은 비워둔다.
이때 중간에 있는 문을 재빨리 내리면 기체는 비어 있던 칸으로 빠져나가게 될 것이다.

말해주는 확률은 정확히 $2^{(10^{23})}$, 즉 $\dfrac{1}{10^{(3\times10^{22})}}$ 이 된다. 굉장히 희박한 확률이라는 말이다.

맥스웰이 던진 질문은 다음과 같다. 칸막이 문 앞에 서서 분자들이 도착하는 것을 볼 수 있는 도깨비가 있다고 가정해 보자. 도깨비의 감각이 상당히 날카롭고 반응 시간이 아주 신속하다면, 분자들이 단지 한 방향으로만 지나가도록 선택할 수도 있지 않을까? 거의 모든 분자들이 첫 번째 칸에만 모일 수 있을 때까지 말이다. 그렇다면 그 도깨비의 도움을 받으면 열역학 제2법칙과 비가역성에 맞서는 일도 가능하지 않을까? 또 우리 몸에 있는 분자들을 끊임없이 감시하면서 결함이 생긴 분자를 수리해서 원래대로 되돌려놓는 나노 기계 장치[*]를 만들어 젊음을 영원히 유지할 수도 있지 않을까?

외부에서 에너지원을 제공한다면 분자 차원에서 노화 과정에 효과적으로 맞설 수 있는 나노 기계 장치를 고안하는 일은 오늘날 불가능하게만 보이지는 않는다. 그러나 맥스웰의 도깨비가 시간의 화살을 완전히 뒤집어서 제2법칙에 맞서는 일은

● ● ● ●

나노 기계 장치 나노(nano)는 10억 분의 1을 나타내는 단위의 접두어다. 가령 1 나노미터는 10억 분의 1미터로서, 사람 머리카락 굵기의 10만 분의 1, 대략 원자 3~4개의 크기에 해당된다. 따라서 나노 기계장치란 10억분의 1 수준의 정밀도를 요구하는 기계장치를 말한다.

절대 불가능할 것이다. 물리학자들이 어떤 이유에서 그런 결론에 도달했는지 이해하려면 한 가지 사실을 깨달아야 한다. 도깨비가 열역학적으로 균형 상태에 있는 용기 안에서 자신의 임무를 잘 수행하기 위해 분자들이 도착하는 것을 보려면 가만히 있어서는 안 되고 빛을 방출해야만 한다는 것이다.

예를 들어 여러분이 잠깐 동안 열을 견딜 수 있는 옷을 입고 온도가 3000℃로 완전하게 균일한 방 안에 들어가 있다고 상상해보자. 방이 내부의 열로 인해 밝은 빛을 발하고 있다 하더라도 여러분은 지옥 같은 그 방에서 빠져나갈 수 있는 문의 위치를 전혀 파악할 수 없게 된다. 방 안에 빛이 넘치는데도 왜 그런 것일까? 왜냐하면 열복사는 구조가 전혀 없는 현상이어서 방 안에 있는 물체가 방의 온도와 같을 경우에는 그 물체를 드러내지 않기 때문이다. 그렇다면 어떻게 해야 문을 찾아서 그 뜨거운 방에서 나갈 수 있을까? 그러기 위해서는 방과 온도가 다른 광원이 필요하며, 그러한 조건에서만 입구의 위치를 찾을 수 있다. 요컨대, 문을 보려면 주변 열복사와 구분되는 복사원,

· · · ·

열복사(thermal radiation) 물질을 구성하는 원자 집단이 열에 의해서 들뜨게 되어, 그 결과 전자기파를 복사하는 현상. 쉽게 말해, 뜨겁게 달구어진 물체로부터 빛이 나오는 것을 말한다.

맥스웰의 도깨비가 기체 분자들을 분류하려면
문과 가까운 곳을 환하게 만들어야 하며, 이는 엔트로피를 증가시킨다.

따라서 방의 온도와 다른 온도를 지니고 있기 때문에 균형 상태에서 벗어나 있는 복사원을 사용함으로써 엔트로피를 증가시키는 것이 필요한 것이다.

맥스웰의 도깨비 이야기로 다시 돌아가 보자. 도깨비가 자신이 관찰하려는 기체와 같은 온도에 있다면 칸막이의 문으로 다가오는 분자들을 볼 수가 없다. 그 분자들이 느리든 빠르든 간에 말이다. 분자가 아주 빨리 움직인다 하더라도 그 움직임을 간파할 수 있게 해 줄 특별한 복사를 방출하지 않는다. 도깨비가 분자들을 분류하고 싶다면, 문과 가까운 곳을 환하게 만들어야 한다. 그러나 그렇게 할 경우 도깨비는 무질서 상태를 야기함으로써 자신의 관찰을 통해 얻고자 했던 엔트로피와 적어도 동일한 양 만큼의 엔트로피를 만들게 된다. 물리학자들은 도깨비의 역할을 해줄 만한 장치들을 많이 만들어 냈고, 그중에는 아주 기발한 것들도 있었다. 그러나 지금까지 항상 증명된 것은 현실적인 상황에서 엔트로피의 총결산은 언제나 엔트로피의 증가로 나타나며, 아주 이상적인 경우라 하더라도 엔트로피가 그대로 머물러 있는 정도일 뿐, 감소되는 경우는 결코 없다는 것이다.

중력의 불안정성은 시간의 화살과 어떤 관계가 있을까?

중력은 시간 화살의 출현에 중요한 역할을 한다. 실제로 중력은 불균형의 조건을 요구하는 불안정성을 필연적으로 야기하는데, 이는 엔트로피의 증가를 가져온다. 아인슈타인은 중력에 대한 이론(일반 상대성 이론)을 만드는 동안 처음에는 주로 철학적인 이유에서 겉으로 보기에 변화하지 않는 정적인 우주를 가능하게 해 주는 조건들을 확보하고자 애를 썼다. 아인슈타인은 그것을 가능하게 하기 위해 자신의 방정식에 '우주 상수'를 도입했다.

여기서 우주 상수란 일종의 진공 에너지로 볼 수 있는 것으로, 우주를 팽창이나 수축 없이 그대로 유지해 주는 기능을 한다. 그런데 문제는 아인슈타인 당대의 물리학자들이 지적했던 것처럼, 우주가 균일한 상태에서 아주 조금이라도 벗어났다 하면 주변보다 밀도가 큰 지역은 모두 극단적으로 붕괴하면서 불안정성이 기하급수적으로 증가한다는 것이었다. 아인슈타인은 우주를 정적인 것으로 만들고자 했던 자신의 노력이 부질없는 것임을 곧 깨닫고,(별들이 유한한 수명을 가지고 있다는 사실에서 볼 때도 우주가 안정적이라는 것은 착각이다.) 우주 상수를 포

기한다. 미국의 천문학자 에드윈 허블이 관측 사실을 통해 우주의 팽창을 더 설득력 있게 증명해 내자, 아인슈타인은 우주상수가 '일생 최대의 실수'라고 말하게 된다.

중력이 가지고 있는 그러한 불안정한 속성은 '비리얼 정리(virial theorem)'와 관계가 있다. 비리얼 정리는 은하계와 같은 어떤 중력계에 대해 운동 에너지와 퍼텐셜 에너지의 변화가 어떤 방식으로 일어나는지 기술한 것이다. 한 가지 놀라운 예를 들자면, 지구를 중심으로 돌고 있는 인공위성이 대기에 의해 약간 제동이 걸리면, 지표면에 대한 인공위성의 속도는 감소하는 것이 아니라 증가하게 된다.(여기서 주의할 점은, 이 설명이 옳은 것이 되려면 제동이 너무 갑작스럽게 걸려서는 안 되고 대기 상층 위로 아주 조금씩 제동이 걸려야 한다는 것이다.) 달리 말해서 인공위성에 제동을 걸고자 하면 인공위성은 오히려 속도가 빨라진다. 좀 더 일반화시켜 말하자면, 아주 약간의 불균형은 중력의 효과에 의해 몹시 크게 증폭된다는 말이다!

우리 우주에 있는 수많은 구조(은하, 은하단, 별)들은 우주가 생겨나고 처음 수십 억 년 동안 형성되었고, 느리지만 상당한

· · · ·

퍼텐셜 에너지(potential energy) 물체가 각자의 위치에 따라 잠재적으로 가지고 있는 에너지. 위치 에너지라고도 한다.

해체를 야기하고 있다. 실제로 태양 질량의 약 10분의 1보다 큰 질량을 가진 별들은 별의 중심에서 열핵 원자로를 가동시킴으로써 중력에 따른 붕괴에 맞서 싸운다. 태양도 바로 그러한 경우에 해당되는데, 태양은 100억 년의 수명 동안 자신을 그런 식으로 천천히 태우고 있다. 그 수명이 다하고 나면 태양은 적색 거성이 되어 지구를 파괴하고, 수백만 년에 걸쳐 꺼져가게 될 것이다. 별의 일생 동안 질량의 약 1퍼센트가 광자, 즉 빛 알갱이로 조금씩 태워지는데, 그렇게 해서 처음의 엔트로피를 상당히 증가시키게 된다. 태양 같은 별의 경우에는 약 1000만 배가 증가한다.

그런데 1970년대 초까지 사람들은 별이 일단 꺼지거나 별의 물질이 블랙홀 안으로 붕괴되면 그러한 해체 과정이 멈추게 되고, 해당 물체 질량의 상당 부분은 보존된다고 생각했다. 그러나 1972년 물리학자 야콥 베켄슈타인이 부분적인 연소를 확신하는 관점을 재검토하게 된다. 또 한편에서는 수학 물리학자인 제임스 바딘, 브랜든 카터, 스티븐 호킹이 열역학의 4가지 법칙*과 블랙홀의 변화를 지배하는 법칙들 사이에 놀라운 유사성이 존재한다는 것에 주목했다. 열역학 법칙 각각에 대해, 블랙홀의 행태나 변화에 관해 표현한 법칙이 현저한 유사성을 보이며 대응되었던 것이다. 에너지 보존을 말하는 제1법칙이 열역학에서와 마찬가지로 존재하는 것은 당연하다 하더라도, 변화의 비가역성에 관한 제2법칙이 블랙홀의 중력이라는 영역에서도 나타난다는 것은 놀랍게 보였다. 자연의 모든 상호작용 법칙들처럼, 그리고 아인슈타인의 중력 이론이 겉으로 봐서 그런 것처럼, 블랙홀에 대해서는 가역성이 전적으로 가능하다고 생각되었기 때문이다.

그런데 드미트리오스 크리스토둘루가 블랙홀의 물리학이 비가역적인 특성을 나타낸다는 것을 증명해낸다. 블랙홀의 지평선(블랙홀의 내부와 외부를 구분하는 경계. 지평선 밖으로 벗어나면 블랙홀에 대한 정보를 더 이상 수집할 수 없다.) 면적이 엔트로피처럼 작동한다는 것이었다. 크리스토둘루의 증명에 따르면 두 개의 블랙홀이 만났을 때 최종 지평선 면적은 처음 면적들을 더한 합보다 크거나 적어도 같게 된다. 접촉된 두 계의 엔트로피가 증가하거나 적어도 그대로 머무를 수 있는 것과 마찬가지로 말이다. 그렇다면 어떻게 비가역성이 블랙홀을 지배할

• • • •

열역학의 4가지 법칙 제1법칙과 제2법칙은 본문 내용에 나온 대로 각각 에너지 보존과 비가역성에 대한 법칙이고, 나머지 두 법칙은 제0법칙과 제3법칙이다. 제0법칙은 열은 온도가 높은 곳에서 온도가 낮은 곳으로 흐른다는 법칙, 제3법칙은 물체의 온도가 절대 0도에 가까워짐에 따라 엔트로피 역시 0에 가까워진다는 법칙이다.

수 있었던 걸까?

그 질문과 관련해서 탁월한 공을 세운 사람은 야콥 베켄슈타인이다. 베켄슈타인은 프랑스령 알프스에 위치한 레쥬쉬(Les Houches) 하계 학교에 참가하여 자신의 논문을 발표한다. 블랙홀의 표면적과 엔트로피 사이에는 높은 일치성이 존재하고 있어서 둘을 하나라고까지 말할 수는 없다 하더라도 완벽하게 동일한 성질을 보이고 있음은 틀림없다는 것이 그 내용이었다.

즉 베켄슈타인은 블랙홀이 실제로 엔트로피를 가지고 있을 것이라는 추측을 내놓았고, 그 주장의 일관성을 증명하는 논거들을 제시했다. 발표가 끝난 후 베켄슈타인은 브랜든 카터와 스티븐 호킹으로부터 호된 비판을 받았다. 만약 베켄슈타인이 옳고 블랙홀이 정말로 엔트로피를 가지고 있다면, 블랙홀은 온도 역시 가지고 있어야 한다는 것이었다.

그러나 이는 당시에 명백하다고 보았던 사실, 즉 블랙홀은 되돌릴 수 없는 물체이며 광자를 비롯해서 그 어떤 것도 방출할 수 없다는 사실에 위배되었다. 베켄슈타인은 자신의 추측을 뒷받침해주는 논거들(이듬해 《피지컬 리뷰》에 그 내용을 발표한다.)에도 불구하고 반대자들을 설득하는 데 성공하지 못했다. 그런데 아이러니한 일은 2년 뒤인 1974년에 바로 스티븐 호킹이 베켄슈타인이 옳았다는 것과 블랙홀이 복사선을 방출한다는 것을 증명했다는 것이다. 게다가 호킹은 베켄슈타인이 블랙홀의 엔트로피에 대해 제안했던 공식도 전체적으로 입증했다.

뒤에 가서 보게 되겠지만, 베켄슈타인의 그러한 발견은 아주 긴 시간에 걸친 우주의 변화에 대한 이해에 중요한 영향을 미친다. 베켄슈타인의 발견에서 중요한 사실은 어떤 천체가 블랙홀로 붕괴한다고 해서 연소가 멈추는 것은 아니며, 대신 속도가 크게 늦추어진 연소 현상이 블랙홀의 에너지가 가장 무질서한 형태, 즉 질량이 없는 광자로 이루어진 열복사로 완전히 전환될 때까지 일어나게 된다는 것이다.

한편 20세기 초 막스 플랑크는 중력이 극히 작은 길이 단위를 정의할 수 있게 해준다는 사실을 지적한다. 이는 '플랑크 길이'라고 불리는데, 약 10^{-35}미터에 해당된다. 그래서 야콥 베켄슈타인과 존 휠러는 간단한 법칙을 제안했는데, 블랙홀의 표면적을 측정해서 '플랑크 면적'이라는 용어로 표현하자는 것이었다. 플랑크 면적은 플랑크 길이를 제곱한 값으로, 약 10^{-70}제곱미터에 해당된다. 그렇다면 이제 여러분은 블랙홀의 엔트로피를 알 수 있다. 블랙홀의 복잡성 정도를 가늠하게 해주는 그 수는, 블랙홀이 사라지는 동안 방출되는 광자의 수에 물리적으로 대응된다. 1985년에 폴란드의 물리학자 보이치에크 주렉이 증명했던 대로 말이다. 따라서 블랙홀은 원자핵의 양성자와 중성자처럼 질량을 가진 모든 입자들을 질량이 없는 입자, 즉 복사의 광자로 바꾸어 놓는다는 점에서 우주를 가장 완전한 방식으로 태울 수 있는 물체라는 것을 알 수 있다.

2

거시적 세계와
시간 화살이란 무엇일까?

우주를 홀로그램에 비유할 수 있을까?

플랑크 면적을 통해 블랙홀의 엔트로피를 계산하게 해 주는 간단한 법칙이 암시하는 바는 어떤 계의 상태에 대한 정의, 다시 말해서 질량을 가진 계를 기술하게 해주는 정보는 연속적인 것이 아니라 불연속적인 성질을 띤다는 것이다. 여기서 불연속적이라는 의미는 실수의 연속성에 대립되는 정수의 불연속성, 즉 숫자들이 서로 떨어져 있다는 의미에서의 불연속을 말한다. 실제로 베켄슈타인과 휠러가 발견한 것은 실수의 연속성을 만족시키기 위해서는 무한한 양의 물질이 필요하므로 우주는 실수의 연속성을 구현할 수 있을 만큼 충분한 물질을 가지고 있지 않다는 것이다. 휠러의 가설은 결국 공간의 '알갱이'가 플랑크 길이에 의해 주어진다는 것을 가정하는 것이라고 할 수 있는데, 공간의 개념 자체가 그 길이 단위 이하에서는 의미를 잃는다고 볼 때 전혀 뜻밖의 생각은 아닌 것 같다. 윌리엄 언러와 매트 비서는 휠러가 제안한 법칙이 블랙홀의 경우보다 훨씬 더 일반적으로 적용되며, 시공간의 모든 영역까지, 다시 말해서 어떤 시공간 지역이 시공간의 만곡* 이나 관찰자의 궤도에 의해 관찰에 드러나지 않게 되는 경우까지도 확장될 수 있을 것이라고 지적했다.

그렇게 해서 1990년대 초 레너드 서스킨드와 같은 물리학자들은 블랙홀 뿐만 아니라 4차원적인 우주에 대해서도 훨씬 더 간단하고 자연스러운 방식으로 설명할 수 있다는 가설을 내놓았다. 이를테면 우주를 하나의 홀로그램(hologram)으로 설명하는 것이다. 여기서 홀로그램이란 빛의 간섭 효과를 이용해서 사진 필름과 유사한 표면에 영상을 기록한 것으로, 빛을 받으면 2차원 물체뿐만 아니라 3차원 물체의 영상도 현실적으로 보여준다. 우주에 대한 설명이 홀로그램에 대한 설명으로 축소된다는 것을 증명하겠다는 것은 결국, 우주의 복잡성을 계산해

• • • •

시공간의 만곡 아인슈타인의 일반 상대성 이론에서는 중력이 시공간을 휘게 만든다고 본다. 즉 질량을 가진 물체가 시공간을 휘게 한다는 것인데, 이때 휘어서 움푹 파인 공간을 만곡이라고 부른다.

우주를 홀로그램으로 설명하는 관점은 시공간에서 질량을 가진 물체들을
중력에서 벗어날 수 있게 해 준다는 면에서 이점이 있다.

낼 수 있다는 말이다. 물리학자들은 우주의 복잡성이란 우주가 실현할 수 있는 다양한 역사의 수라는 주장을 곧바로 내세웠다.

대부분의 물리학자들은 서스킨드의 홀로그램 가설에 대해 그 진실 여부를 수십 년이 걸려도 판단하지 못할, 듣기에만 그럴 듯한 추측으로 여겼다. 1998년에 수학 물리학자 후안 말다세나가 우리 우주와 약간 다르지만 상당히 유사하면서 단순한 우주, 즉 '안티 데시테르˚ 우주'라고 불리는 무한히 팽창하는 우주를 홀로그램을 통해 간단하게 설명할 수 있다는 것을 보여주었을 때, 사람들의 놀라움은 엄청났다. 말다세나가 연구 내용을 발표했던 강연회에 참석한 사람들은 그가 제시한 논거가 신빙성이 있다고 판단했고 박수갈채를 보냈다. 그리고 얼마 지나지 않아, 현재 최고의 수학자로 거론되는 수학 물리학자 에드워드 위튼이 말다세나의 의견을 뒷받침하는 정확한 새 논거들을 제시하면서 큰 힘을 실어 주었다. 그렇게 해서 서스킨드

● ● ● ●

데시테르(Willem de Sitter) 덴마크의 천문학자로 아인슈타인의 물리적인 우주와는 다른 물질이 없고 가상적인 우주 모형을 제안했다. 그 모형은 많은 천문학자들이 선호했지만, 우주를 정적인 것으로 해석했다는 점에서 현재의 관점에서는 옳지 않다. '안티 데시테르(anti-de Sitter) 우주'란 이와는 반대되는 팽창하는 우주를 말한다.

가 내놓은 가설은 예상했던 것보다 훨씬 더 빨리 입증을 받게 된다.

그렇다면 우주를 홀로그램으로 설명하는 새로운 관점의 이점은 무엇일까? 그것은 그러한 설명이 4차원적인 시공간에 대한 일반적인 설명에 대응되면서도, 한편으로는 광대한 우주의 상태를 정의하는 데 필요한 유한적인 정보의 양을 밝힐 수 있게 해주고, 다른 한편으로는 중력에서 벗어나게 해준다는 것이다. 시공간에서 질량을 가진 물체들 사이의 상호작용을 기술하기 위해 중력을 도입하는 대신 물체들이 홀로그램의 표면에 있다고 가정하면, 그 물체들의 상호작용을 쿼크, 글루온, 원자핵˚과 같은 요소들의 상호작용을 기술하는 강한 상호작용˚을 통해 설명할 수 있다. 그런데 그러한 강한 상호작용은 양자크로모역학˚이라는 정확한 이론을 통해 설명된다. 따라서 우주를

• • •

- 원자는 원자핵과 전자로 이루어져 있고, 원자핵은 양성자와 중성자로 이루어져 있다. 양성자와 중성자는 6종류의 쿼크(quark) 중 3개의 쿼크가 모여 만들어지는데, 쿼크와 쿼크 사이에서 강한 상호작용을 전달하면서 접착제 역할을 하는 것이 글루온(gluon)이다.
- 자연계에서 발견되는 입자 간의 상호작용은 그 세기에 따라서 강한 상호작용, 전자기적 상호작용, 약한 상호작용, 중력 상호작용의 4가지로 분류할 수 있다. 그중에서 강한 상호작용은 2개의 소립자가 약 10^{-15}m정도의 매우 짧은 거리에 있을 때 작용하는 힘 또는 상호작용을 말한다.

양자크로모역학 쿼크의 상호 작용에 관한 이론.

홀로그램으로 설명하는 것은 간단한 형식적 등가 이상의 의미를 지닌다고 볼 수 있다.(형식적 등가로 놓은 것만으로도 우주가 실현할 수 있는 다양한 역사의 수를 이미 가늠할 수 있게 해주었다.) 또한 모든 상호작용을 통일된 하나의 이론으로 설명하고자 했던 아인슈타인의 꿈도 그 덕분에 조만간 실현될 수 있을 것이다.

우주의 먼 미래를 예측할 수 있을까?

신기하게도 현재 우리가 가지고 있는 물리 지식을 통해 우주의 먼 미래를 상당히 정확하게 예측할 수 있다. 수십 억에 다시 수십 억을 곱한 연도 뒤의 미래로 뛰어들 자세만 되어 있다면 말이다. 1979년에 그러한 연구를 처음 한 사람은 미국의 물리학자 프리먼 다이슨이었다.

과거의 우주는 우리가 '빅뱅'이라고 부르는 초고온 초고밀도 단계에서부터 약 40만년 동안 온도와 밀도가 몹시 높고 균일한 상태였던 것으로 보인다. 그런데 빅뱅은 우리가 상상할 수 있는 가장 질서 정연한 상태는 아니다. 이탈리아의 가브리엘레 베네치아노를 비롯한 콜레주드프랑스˚의 몇몇 물리학자들은 빅뱅 이전(pre-bigbang) 시기가 존재할 것이라는 추측을 내놓았다. 그 시기에 우주는 상태가 계속해서 단순해지다가, 진정한 최초의 순간에 이르러 마침내 완벽하게 단순하고 단일한 상태가 되었을 것이라는 설명이 그것이다.

우주가 만들어지고 처음 수십 억 년이 흐르는 동안, 은하단과 은하, 그리고 은하 내부에서 별과 같은 큰 구조들이 점차적으로 형성되었다. 처음에는 은하 내부에 있는 별들 중 상당수가 자신의 연료를 수십 억 년에 걸쳐 태우면서 살아간다. 그리고 그 별들은 질량이 가장 큰 별들의 천재지변적인 죽음에 의해 뒤흔들어진 가스의 붕괴 안에서 만들어진 다음 세대의 별들에 부분적으로 자리를 내준다. 그러나 약 10^{14}년이 지난 뒤에는 가스의 결핍으로 인해 별의 생성은 막을 내리고, 질량이 적어서 태양보다 수명이 훨씬 긴 별들도 자신의 핵연료를 태우기에 이른다.

그렇게 되면 남는 것은 수명이 다해 차갑게 식어 버린 태양계뿐이다. 우주의 주된 열원이라고는 별 내부 온도를 절대 온

• • • •

콜레주드프랑스(College de France) 1530년 프랑수아 1세가 인문적 교양 진흥을 위하여 파리에 창설한 프랑스의 국립 고등 교육 기관. 세계적으로 유명한 학자들의 강의를 모든 사람에게 무료로 개방한다.

도 몇 도로 유지시키고 있는 물질의 핵분열 밖에는 없다. 어떤 문명이 그러한 조건에서 살아남고자 한다면 에너지를 아껴야 할 것이다. 더 귀해지는 자원도 마찬가지다. 게다가 그때까지 살아남은 생물종이 겪게 될 우주의 고독은 머지않아 한층 더 심해질 것이다. 실제로 은하에서는 우주 당구 게임이 천천히 진행되고 있고, 사실상 모든 행성들이 자신의 궤도에서 조금씩 벗어나다가 10^{17}년 뒤에는 우주의 빈 공간으로 던져지게 된다. 그와 동시에 거의 모든 은하의 중심에 존재하고 있던 질량이 큰 블랙홀들은 자신의 영역으로 들어온 별들을 파괴해서 흡수한다. 이러한 시나리오는 우주가 초거대 질량을 가진 블랙홀과 질량이 훨씬 더 작은 별, 그리고 점점 더 차가워지면서 우주를 천천히 표류하는 죽은 행성들로만 이루어질 때까지 계속된다. 이제 굳어버린 별이나 행성의 내부가 몇 도의 온도를 유지하고 있는 것을 제외하면, 우주의 온도는 이미 절대 온도의 10억분의 1도보다 한참 더 아래로 내려가 있다. 에너지가 극히 궁핍한 그러한 조건의 우주에서 오랫동안 살아남는다는 것은 어떤 종이든 간에 아주 힘든 일이 될 것이다.

프리먼 다이슨이 연구를 하던 시기에는 양성자가 몹시 불안정한 성질을 지니고 있다는 사실을 몰랐다. 현재 상당한 실험적 노력에도 불구하고 양성자가 해체되는 것이 관찰된 적은 없지만, 물질과 반물질 사이에 그런 식의 통로가 존재할 것이라는 점에 대해서는 확신하고 있다. 따라서 10^{34}년경에는 상황이 더 심각해진다. 상호작용에 대한 통일 이론에서 추정한 양성자의 수명이 다하는 시기이기 때문인데, 이 이론에서는 양성자 같은 물질의 입자가 양전자와 불안정한 입자로 결국 해체될 것이라고 보고 있다. 10^{36}년경이 되면 핵물질은 거의 완전히 사라지면서, 해체 과정에서 주변 물질과 함께 즉각적으로 소멸되지 않고 남은 얼마 되지 않는 물질들에 자리를 넘겨준다. 그 시기가 지나면 모든 핵물질이 사라지게 되는데, 전자와 양전자(전자의 반입자), 중성미자˚를 몹시 옅게 품고 있는 그러한 플라스마˚ 안에서 어떤 문명이 계속 살아남을 수 있을지는 의문이다. 사실, 물질의 해체에서 생성된 전자와 양전자로 이루어진 원자계만이 존재하는 그런 우주에서는 어떤 별, 어떤 행성도 살아남지 못한다. 그 시기에 우주의 밀도는 몹시 낮아서, 그 원자계들은 현재 관측 가능한 우주의 반지름(약 100억 광년)보다 훨씬

• • • •

중성미자(neutrino) 중성자가 양성자와 전자로 붕괴될 때 생기는 소립자로 전하가 없으며 질량이 극히 작다.

플라스마(plasma) 기체가 고도로 이온화한 상태. 기체에 열을 충분히 가하면 원자들 간의 충돌로 인해 많은 수의 전자들이 원자핵의 구속에서 벗어나게 되는데, 이것이 고체, 액체, 기체가 아닌, 소위 물질의 제4상태라 불리는 플라스마이다.

더 큰 반지름을 갖는다. 그러나 원자계들은 점차적으로 그 기본 상태로 되돌아가게 되는데, 100억분의 1미터 거리에서 괘도를 돌 때까지 서로 조금씩 가까워지다 결국에는 붕괴한다. 바로 그때가 물질의 종말이다. 단 초거대 질량 블랙홀의 운명은 제외하고 말이다.

베켄슈타인과 호킹의 연구를 통해 보았듯이, 양자 이론(고전 이론과 달리 양자 이론은 극히 짧은 순간 에너지 보존 법칙을 위반하는 입자의 생성과 해체를 허용하는데 이를 '터널 효과'라고 한다.)은 초거대 질량 블랙홀 역시 조금씩 스스로를 소진하게 되리라고 생각할 만한 모든 근거를 제시하고 있다. 전형적인 은하의 질량, 즉 태양 질량의 10^{10}배에서 10^{11}배 사이에 해당되는 질량을 가진 블랙홀의 경우, 블랙홀이 사라지는 시간은 약 10^{96}년에서 10^{100}년이 걸린다. 그 단계에 이르면, 블랙홀이 작은 산 하나의 질량밖에 지니지 않는 자신의 생애 마지막 10억년 동안 내놓게 되는 전자와 양전자의 극히 미미한 부분을 제외하면, 모든 물질이 광자로 소진된다. 지금 우리가 알아낼 수 있는 한에서 볼 때, 엄청난 수의 대단히 차가운 광자밖에는 남지 않

• • • •

터널 효과 양자 역학의 세계에서 존재하는 현상으로, 입자가 자신의 운동 에너지보다 높은 에너지 장벽을 통과해 지나가는 현상을 말한다.

게 된 우주에서 물질들이 완전히 연소되는 바로 그 순간이, 우주를 관찰하는 모든 존재와 시간의 마지막이 될 것이다.

우주를 태우는 최상의 방법은 무엇일까?

우주의 자원을 가능한 한 빨리 소진시키고 최대한 효과적으로 태우는 것이 우리의 목표라고 가정해 보자. 핵무기 보유국들이 모아놓은 핵폭탄을 한 순간에 모조리 폭발시키면 지구 표면의 대부분을 태울 수 있을 것이다. 그렇다면 불가피하게 보이는 우주 물질의 연소 과정도 같은 방식으로 빠르게 진행시킬 수 있을까? 일을 처리하기에 가장 효과적인 방법은 무엇일까?

한 가지 방법은 산 하나 정도의 작은 질량을 가진 블랙홀을 만드는 것이다. 실제로 블랙홀의 질량이 작을수록 소진과 연소는 더 빨라진다. 예를 들어, 10^{15}킬로그램의 질량을 가진 블랙홀은 10기가와트*의 열 출력과 약 100억 도의 온도를 지닌(원자력 발전소 10곳 정도에서 내놓는 출력에 해당되는) 강한 열복사를 내놓을 것이다. 감마선 형태로 방출되기 때문에 핵폐기물

· · · ·

기가와트 1기가와트는 10억 와트.

도 만들지 않고서 말이다! 만약 우리가 물질들을 모아서 그 정도의 질량을 지닌 블랙홀을 만들 수 있다면, 100억 년 동안 그것을 태울 수 있다.

질량이 더 작은 블랙홀이라면 연소는 한층 더 빠르게 이루어질 것이다. 그러나 그런 블랙홀은 온도가 몹시 높아서 수명의 대부분 동안 감마선 외에 전자와 양전자를 방출할 수 있을 만큼 뜨거운 열복사를 내놓는다. 따라서 블랙홀이 사라진 뒤에도 태워야 할 입자들이 또 남는다는 말이다.

10^{15}킬로그램보다 훨씬 큰 질량을 가진 블랙홀의 경우, 요령 있게 처리하면 질량의 약 50퍼센트까지는 열복사의 형태로 수거할 수 있다. 그러나 블랙홀에 갇혀 있는 나머지 에너지와 물질을 태우자면 위에서 말한 100억 년보다 상당히 더 긴 시간이 있어야 할 것이다.(블랙홀의 수명은 그 질량의 세제곱에 비례하므로 질량이 커질수록 수명도 크게 늘어난다.) 그러므로 블랙홀의 질량은 10^{15}킬로그램 정도로 선택하는 것이 좋다.

물질을 매우 효과적으로 태울 수 있는 또 다른 방법은, **자기 단극자**를 사용하는 것이다. 그것이 존재한다면 말이다. 일부

● ● ● ●

자기 단극자(magnetic monopole) 자석의 N극과 S극 둘 다 가진 게 아니라 N극이나 S극 중 하나를 가진 입자.

이론에서는 자기 단극자가 약한 상호작용과 강한 상호작용, 전자기 상호작용을 통합하게 해줄 것으로 예측하고 있는데, 전자가 전기량의 기본 입자라면 자기 단극자는 자기량의 기본 입자에 해당된다. 수학 물리학자 헤라르뒤스 엇호프트와 알렉산더 폴리아코프는 그 자기 단극자가 물질 블록을 통과함으로써 물질 해체 촉매제로 작용할 수 있을 것이라고 지적했다. 흥미로운 사실은, 머플러*의 촉매 장치가 배기가스의 연소를 도와주면서도 그 자체에는 변화가 일어나지 않기 때문에 이론적으로는 무한히 재활용될 수 있는 것과 마찬가지로, 자기 단극자는 자신이 지나가는 길에 있는 모든 물질의 해체를 야기하되 그 과정에서 스스로는 조금도 피해를 입지 않는다는 것이다. 자기 단극자 1그램을 물질 블록 안에서 돌아다니게 만들면, 반물질과 불안정한 입자(몇 개 이상의 중성미자)를 생성시키면서 해체되는 그 물질을 에너지로 완전히 변환시킴과 동시에, 수 메가와트*의 열 출력을 수거할 수 있을 것으로 생각된다. 그런데 문제는, 우리가 그 자기 단극자를 만드는 방법을 모른다는 것이다. 자기 단극자는 질량이 몹시 크기 때문에(양성자 질량의

● ● ● ●

머플러 내연 기관이나 환기 장치로부터 나오는 소음을 줄이기 위한 장치.
메가와트 1메가와트는 100만 와트.

약 10^{16}배) 만들기가 매우 어렵다. 그러나 자기 단극자가 일단 만들어지기만 하면, 행성이나 별처럼 질량이 큰 물체의 모든 물질을 효과적으로 태우는 데 사용할 수 있을 것이고, 거의 마르지 않는 에너지원도 얻을 수 있을 것이다. 그렇게 되면, 1킬로그램이 채 되지 않는 자기 단극자만으로 중간 크기 도시 하나의 에너지 소비를 해결하게 되는 날이 올지도 모른다.

3

미시적 세계와
시간 화살이란 무엇일까?

CPT 대칭성이란 무엇일까?

시간 화살의 기원은 단지 거시적 세계에서만 찾을 수 있고, 앞에서 보았던 것처럼 중력과 관계되어 있을까? 아니면 우리가 기본적인 것으로 생각하고 있는 입자들이 겪는 미시적 과정 안에 이미 존재하고 있는 것일까? 이 질문은 1998년에 이르러서야 실험적인 종결을 맺었다. 그 답을 알아보려면 물리학자 볼프강 파울리, 게르하르트 뤼더스, 줄리언 슈윙거, 존 벨이 증명한 CPT 정리(CPT theorem)에 대해서 먼저 이야기해야 한다.

물리학자들은 입자의 상호작용(수수께끼 같은 중력은 예외로 하고)을 기술하는 합리적인 이론이라면 추상적이고 이해하기 어려운 CPT 정리를 모두 준수해야 한다고 생각한다. CPT 정리는 세 가지 대칭성을 개입시킨다. 첫 번째는 C 대칭성 혹은 전하의 거울 대칭성으로, 모든 입자를 그 반입자로 맞바꾸는 것이다. 두 번째는 P 대칭성 혹은 일상적인 거울 대칭성으로, 여기서 P는 패리티˚(parity)를 의미한다. 세 번째는 T 대칭성 혹은 시간 역전 대칭성인데, 어떤 과정을 담은 필름을 거꾸로 돌린 것과 같다. CPT 정리는 어떤 질서 안에서 이루어진 C, P, T 그 세 가지 변화의 산물은 자연에서 준수되는 대칭성이라는 것을 말하고 있다. 달리 말해서 만약 CPT 정리가 옳다면, 자연에서 실행된 어떤 과정에서 출발했을 때, 거꾸로 돌린 필름에 대응되면서(T) 각 입자가 그 반입자로 대체되는(C) 거울에 비춰진(P) 과정 역시 자연에서 실행된 과정이라는 것을 의미한다. CPT 정리에 반하는 경우를 찾기 위해 노력했지만, 그러한 경우는 한 번도 관찰되지 않았다.

그렇다면 C, P, T 개개의 대칭성을 따로따로 고려할 경우에도 마찬가지일까? CPT 대칭성은 개별적으로도 준수될까, 아니면 개별적으로는 위반될 수도 있을까? 1956년까지는 거의 모든 물리학자들이 세 대칭성 각각이 따로 준수된다고 생각했다.

● ● ● ●

패리티 양자 역학적 체계의 고유 상태를 기술하는 성질로, 반전성 또는 우기성이라고도 한다. 오른나사와 왼나사 사이에서 물리적 우열을 찾아볼 수 없는 것처럼, 현상이 공간의 좌우에 관계없이 동등하게 일어날 수 있는 경우에 패리티가 보존된다고 말한다.

그러나 중국의 물리학자 양전닝과 리정다오는 핵분열 과정의 일부 유형을 지배하는 약한 상호작용 안에서는 P 대칭성이 위반된다는 의견을 내놓았다. 양전닝과 리정다오의 그러한 직관은 역시 중국 출신의 물리학자 우젠슝에 의해 실험적으로 검증되었고, 그 결과 다른 두 거울 대칭성, 즉 전하에 대한 C 대칭성과 시간에 대한 T 대칭성도 다시 검토되기에 이른다.

우젠슝은 입자와 반입자가 서로 반대되는 일종의 회전 운동을 하고 있음을 밝혀냈다. 입자를 회전 방향에 따라서 '오른손잡이 헬리시티(right-handed helicity)' 혹은 '왼손잡이 헬리시티(left-handed helicity)'라고 말하는 것이 바로 그것이다.* 가령, 중성미자는 항상 왼손잡이 헬리시티만 가지는데, 이는 중성미자들 사이에 개입되는 약한 상호작용이 거울 대칭성을 최대한으로 위반하게 되는 이유를 설명해 준다. 거울 속에 비춰진 입자(중성미자 같은)가 하고 있는 팽이 운동은 자연에는 존재하지 않지만, 그 반입자(중성미자에 대해서는 반중성미자)의 운동에는 대응되는 것이다. 따라서 레프 란다우와 레프 오쿤이 주장

∙ ∙ ∙ ∙

* 여기서 헬리시티란 소립자가 운동하는 방향의 스핀 성분 값을 말한다. 소립자는 입자의 운동 방향과 스핀 방향에 따라 오른손잡이인지 왼손잡이인지 정해지는데, 입자의 스핀 방향이 운동하고 있는 방향과 같으면 오른손잡이로 보고, 반대가 되면 왼손잡이로 본다.

하고 많은 물리학자들이 동의했던 대로, 어떤 입자에서 그 반입자로의 이행을 가능하게 만드는 '정확한' 대칭성을 회복시켜주는 대칭성은 C와 P 두 대칭성의 산물이며, 이때 CP 대칭성의 산물은 자연에 의해 약속되고 보장되고 준수된다. 다시 말해서, 거울 대칭성을 의미하는 P 대칭성의 위반과 입자와 반입자의 교환을 의미하는 C 대칭성의 위반은 자연적으로 서로 상쇄된다는 말이다. 만약 CPT 정리가 옳다면, 이는 자연이 시간 역전하의 T 대칭성도 동시에 준수한다는 것을 의미한다. 레프 란다우와 레프 오쿤의 생각을 또 달리 표현하자면, 자연에는 그러한 회전의 비대칭성을 지니고 있는 물질의 일부를 교환하지 않고 결정될 수 있는 과정은 하나도 없다는 것이다. 외계인은 물질이나 반물질로만 구성되어 있다 하더라도 말이다.

　몇 년 동안은 모든 것이 CP 대칭성의 검증을 확인해 주는 것처럼 보였다. 그런데 1964년 발 피치, 제임스 크로닌, 르네 튀를레, 짐 크리스텐슨 등 네 명의 물리학자로 이루어진 미국 브룩헤븐의 연구팀이 물질과 반물질 사이에 약하기는 하지만 의심할 여지가 없는 비대칭성이 자연적으로 존재한다는 것을 증명한다. 그러한 비대칭은 중성 케이온(neutral kaon)이라는 입자계에서 관찰되었는데, 중성 케이온의 별난 행태는 양전닝과 리정다오가 P 대칭성 위반에 대한 가설을 세우는 계기가 되기도 했다. 연구가 발표되자, 곧 다른 연구팀들도 물질과 반물질 사이의 비대칭성에 대한 확증을 더했다. 그러나 시간 역전 하의 비대칭성 역시 위반되는지를 증명하는 일이 남아 있었다.

그 일은 1998년에 유럽입자물리연구소(CERN)에서 이루어진 CP-LEAR(Low Energy Anti-proton Ring, 저에너지 반양성자 링) 실험을 통해 이루어졌다.(54쪽 그림 참조) 브룩헤븐 연구팀의 실험이 물질-반물질의 대칭성에 대한 위반이 겨우 몇 퍼밀˚에 지나지 않는다는 것을 보여 주었기 때문에, T 대칭성의 위반 역시 같은 수준일 것이라고 예상되었다. 1990년대 초 중성 케이온 입자와 반입자가 시간에 따라 어떻게 해체되는지 규명하기 위해 그 입자와 함께 생성되는 입자들을 관찰했는데, 그 결과 중성 케이온 입자와 반입자 각각을 개별적으로 분류하는 일이 가능해졌다. 그렇게 해서 수십 억 개의 입자들을 관찰해서 기록하고 그 입자들 가운데 수백만 개의 중성 케이온과 반케이온을 선별하는 작업을 한 끝에, 자연이 시간에 대한 T 대칭성을 위반한다는 것과, 그 시간적인 비대칭성이 물질과 반물질 사이의 비대칭성에 따른 비대칭성을 상쇄시킨다는 사실을 마침내 증명해냈다.

• • • •

퍼밀 천분율의 단위로, 1000분의 1을 뜻하며 ‰로 표시한다.

자연이 시간 역전에 대한 T 대칭성을 준수하지 않는다는 것이 증명되자, 한 가지 의문이 생기게 되었다. 그 몹시 작은 세계의 시간 화살이, 중력과 연관되어 있는 것으로 우리가 추측하고 있는 거시적 세계의 시간 화살과 관계가 있느냐 없느냐 하는 것이다. 대부분의 물리학자들은 그 두 화살이 선험적으로

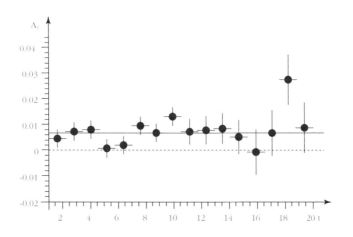

1998년 유럽입자물리연구소의 CP-LEAR 실험은 시간의 흐름에 따라 케이온이 반케이온으로 변화하는 현상을 기술한 반응이 반케이온이 케이온으로 변화하는 그 반대 현상과 같은 속도로 이루어지지 않는다는 것을 밝히는 데 성공했다. 위 그림에서 그 두 변화 사이의 차이(바로 돌려진 필름과 거꾸로 돌려진 필름 사이의 차이라고 할 수 있는)를 나타내는 A_T(시간적 비대칭성)는 1964년 이전에는 0일 것이라고 모두가 예상했다. 그러나 실험 결과 그 값은 약 7퍼밀로 나타났고, 이는 적기는 하지만 분명히 실제적인 차이였다. 그림에서 또 한 가지 확인할 수 있는 사실은, 서로 방향이 다른 두 변화 사이의 차이를 천분율로 나타낸 값(세로축)이 어떤 시간(가로축. 연구된 입자 가운데 가장 불안정한 입자의 수명을 나타낸 것)을 기준으로 하든 일관되게 같은 부호(플러스)를 보인다는 것이다.

서로 아무런 상관이 없다고 보고 있다. 그러한 확신은 미시적 세계에서의 T 대칭성 위반이 물리학의 매우 작은 한 모퉁이, 즉 현재 우주에서 아주 작은 단역을 맡고 있는 몹시 불안정한 입자인 케이온이라는 유별난 중성 중간자*의 공간에서만 관찰된다는 사실에 근거한다.

그러나 그러한 비대칭성이 우리 존재의 상당 부분을 좌우한다는 점에서 볼 때는 중요한 의미를 갖는다. 실제로 물질과 반물질 사이의 비대칭성이 없었다면 지금의 우주는 물질이 거의 없는 상태였을 것이다. 왜냐하면 물질과 반물질 어느 한 쪽만 더 봐주는 법이 없는 자연 안에서 그 두 종족이 동족상잔을 벌이며 소멸했을 경우, 빅뱅 직후에 존재한 물질의 약 10^{-18}, 즉 10억분의 1의 다시 10억분의 1밖에는 남지 않았을 것이기 때문이다. 핵입자(nuclear particle. 주로 양성자. 헬륨의 약 4분의 1도 해당된다.)의 수는 정확하게 알려져 있지 않지만, 그에 비해 우주의 첫 1초 동안 물질과 반물질 사이의 소멸에서 생겨나 현재 우주에 존재하고 있는 광자의 수는 아주 정확하게 알려져 있

● ● ● ●

중성 중간자(meson) 메소트론 또는 메손이라고도 한다. 원자핵을 구성하는 핵자(중성자와 양성자)들 사이에 작용하고 있는 핵력을 매개하는 입자이다.
• 물질과 반물질이 만나면 빛(광자)만 남기고 소멸되는 것을 의미한다.

다. 절대 온도 2.7도를 약간 넘는 광자의 우주 온도가 밝혀진 덕분으로, 그 수는 1세제곱센티미터당 약 410개에 달한다. 따라서 양성자의 수도 추정해 볼 수 있는데, 물질과 반물질이 양적으로 완전히 동일하게 존재하는 우주에서 기대할 수 있는 것보다 약 6억 배 더 많은 것으로 나타난다.

그러한 비대칭성에 연관된 아주 작은 시간의 화살이 없었다면 우주는 물질이 거의 없는 상태가 되었을 것이고, 그렇게 몹시 옅은 가스 상태로는 별이나 은하처럼 우리 생존에 꼭 필요한 구조로 압축되지 못했을 것이다. 따라서 지금 우리가 여기서 물질과 반물질 사이의 비대칭성을 이야기하지도 못했을 것이고 말이다.

생물체의 진화도 열역학 제2법칙을 따를까?

종의 진화를 따라가 보면, 시간이 흐름에 따라 생물체의 복잡성이 커진다는 것을 전반적으로 확인할 수 있다.(여기서 복잡성은 고도화되고 정교화된다는 의미이다.) 물론 어쩔 수 없는 예외도 있는데 가령 공룡처럼 진화는 되었지만 상대적으로 약한 종이 천재지변적인 사건으로 인해 멸종되는 경우가 특히 그러하다. 그러나 시간에 따라 동물의 복잡성이 커지는 것은 일반적인 것으로 보인다. 복합적인 관점에서 볼 때, 그러한 복잡성의 증가는 계의 구성에 질서가 잡힘으로써 그 계의 엔트로피가 감소하는 것으로 고려될 수 있다. 그렇다면 생명은 열역학 제2법칙을 준수하지 않는 것일까?

현실계의 대부분이 그런 것처럼 균형을 벗어나 있는 계에 대한 열역학은 전혀 알려진 바가 없다. 그러나 그에 대해 알아보면 생물체에는 특별한 것이 없음을, 어쨌든 제2법칙을 재검토하게 만드는 것은 없음을 가르쳐준다. 고립계에 대해 엔트로피의 감소가 허용되지 않는다 하더라도, 태양 광선처럼 생존을 위한 에너지 흐름을 유지시켜주는 자원을 가진 열린계*에 있어서는 그렇지가 않다. 복잡성의 증가에 대해 말할 필요도 없이 말이다. 태양이 에너지를 내놓는 일을 갑자기 멈춘다면, 우리 지구는 아주 급속하게 황량하고 차가운 상태가 될 것이다. 지구 표면에 존재하는 생명과 움직임은 그것이 필요로 하는 에너지의 흐름에 결정적으로 종속되어 있기 때문이다. 영국의 물리학자 프레드 호일은 자신의 공상 과학 소설 『검은 구름(The Black Cloud)』에서 태양계에 거대한 검은 구름(지능을 갖춘)이

· · · ·

열린계 외계와 에너지 및 물질 교환을 하는 계. 모든 생물이 이에 해당된다.

태양이 에너지를 내놓는 일을 멈춘다면 지구는 급속도로 차가운 상태가 될 것이다.

다가옴에 따라 야기되는 혼란을 그렸는데, 검은 구름으로 인해 지구의 인간과 동물 대부분이 사라지게 된다는 내용이다.

따라서 열역학 제2법칙은 외계와 열을 교환하지 않는 계에 대해서 엔트로피 감소(혹은 질서 증가)를 허용하지 않는 것이지, 태양에 의해 빛나고 있는 지구와 같은 열린계에서 시간에 따라 고도화되고 정교화되는 종들이 발달하는 것을 금하는 것은 아니다. 이처럼 생명은 태양이 행성과 우주에 마구 쏟아내고 있는 에너지 덕분에 살아가고 있는 것이다.

심리적 시간 화살의 수수께끼란 무엇인가?

과학 철학 자들을 가장 많이 매료시키면서도 설명할 문제는 가장 적게 제시하는 시간의 화살은 '심리적 시간의 화살'이라고 불리는 것이다. 어떤 사람의 일생을 하루에 몇 장면씩 담아서 영화로 만든다고 할 때, 우리는 왜 그 사람이 늙어가는 것만

• • • •

과학 철학(philosophy of science)　철학의 한 분야로 자연 과학의 성과를 반성하고 분석하여 과학 일반의 개념, 전제, 방법 따위를 규정하고, 지적 활동 분야에서 그 위치를 연구하는 학문이다.

보고 다시 젊어지는 것은 못 보는 것일까? 마찬가지로, 바다에 떨어져 수천 개로 깨진 접시 조각들이 다시 모여서 멀쩡한 상태로 탁자 위로 올라가는 것을 봤을 경우, 그것이 실제 상황이 아니라 필름을 거꾸로 돌린 것임을 우리는 어떻게 아는 것일까?

총알의 충격으로 폭발하는 사과를 순간적으로 찍은 사진의 상황을 설명한다고 해보자.(61쪽 그림 참조) 그러면 우리는 총알이 오른쪽에서 왼쪽으로 지나가면서 사과를 폭발시키고 있고, 빛은 태양이나 전등 같은 광원에서 주로 방출되어 사과와 총알을 비추었다가 우리 눈의 망막으로 들어오게 된다는 설명을 자동적으로 선택한다. 시간을 뒤집어 상황을 설명하려고 생각하는 일은 없다. 즉 수많은 파편들이 다시 모여서 온전한 사과를 만들어놓는 것과 동시에 총알이 왼쪽에서 오른쪽으로 돌진하고, 그러는 동안 빛 알갱이가 우리 망막과 주변의 모든 물건들에서 나와서 태양이나 전등 같은 광원으로 모이고 있다는 식으로 설명하지는 않는다는 말이다.

실제로 복잡성의 화살(물리학자들은 '복잡성 기울기(complexity gradient)'라는 표현을 사용할 것이다.)이 존재하는 시공간 안에서는 관찰자가 그러한 복잡성의 차이에 따라 과거와 미래의 개념을 재구성하는 것으로 이해할 수 있다. 시공간에서 과거는 설명하기에 더 간단한 부분일 것이고(온전한 사과), 미래는 복잡

위 그림은 정지 상태에 있다. 그림을 설명하라고 하면, 우리는 총알이 빠른 속도로 오른쪽에서 왼쪽으로 날아가면서 사과를 관통해 폭발시키고 있다고 설명할 뿐, 총알이 왼쪽에서 오른쪽으로 날아가면서 사과가 다시 제 모습을 찾게 된다고 설명하지는 않는다.

성이 더 큰 부분일 것이다.(폭발한 사과와 수천 개의 사과 파편)

따라서 시간 화살의 수수께끼는 몇몇 과학 철학자들이 단언하는 것과는 달리, 뜨거운 커피는 언제나 결국에는 차가워져서 주변 공기의 온도를 갖게 된다는 사실에 있지 않다.(실제로는 오래 기다릴 경우 거의 언제나 약간 더 낮은 온도를 갖게 된다. 왜 그럴까? 62쪽 아래에 그 답이 있다.)

물리학자의 관점에서 볼 때, 수수께끼는 복잡성 기울기를 가진 자연 안에 존재한다는 사실에 있다. 앞에서 보았듯이 물질의 연소를 통해서 그 복잡성 기울기를 야기하고, 시간의 화살에 대한 그럴 듯한 설명을 제공하는 것은 중력임이 분명한 것 같다.

충분한 시간이 지나면 커피의 온도와 주변 공기의 온도가 같아질 것이라고 예상하겠지만, 사실은 그렇지 않다. 같은 온도에 일단 도달하고 나면, 액체의 증발 현상이 커피의 온도를 더 떨어뜨리기 때문이다. 따라서 주변 공기가 몹시 습한 경우가 아니라면, 커피의 온도는 공기의 온도보다 약간 더 낮아지게 된다.

더 읽어 볼 책들

- 리차드 모리스, 김현근 옮김, 『**시간의 화살 - 시간에 대한 과학적 이해**』(소학사, 2005).

- 스티븐 호킹, 김성원 옮김, 『**시간과 화살**』(두레, 1991).

논술·구술 시험은 논리적이고 종합적인 사고를 요구한다. 다음에 제시된 문제는 이 책의 주제와 연관이 있는 논술·구술 기출 문제이다. 이 책을 통하여 습득한 과학적 지식과 원리, 입체적이고 논리적인 접근 방식을 활용하여 스스로 문제에 답해 보자.

▶ 열역학 법칙에 대해 아는 대로 말하시오.

▶ 아래 제시문에 나타난 여러 측면의 시간 인식을 적용하여 개인적, 사회적 관점에서 시간의 의미와 기능을 논술하시오.

옮긴이 | 김성희

부산대 불어교육과 및 동대학원을 졸업했으며 현재 전문 번역가로 활동 중이다.

민음 바칼로레아 59

시간의 화살이란 무엇인가?

2판 1쇄 펴냄 2021년 3월 30일
2판 5쇄 펴냄 2024년 8월 8일

1판 1쇄 펴냄 2008년 12월 19일
1판 2쇄 펴냄 2013년 9월 19일

지은이 | 가브리엘 샤르댕
감수자 | 곽영직
옮긴이 | 김성희
발행인 | 박근섭
펴낸곳 | ㈜민음인

출판등록 | 2009. 10. 8 (제2009-000273호)
주소 | 06027 서울 강남구 도산대로 1길 62 강남출판문화센터 5층
전화 | 영업부 515-2000 **편집부** 3446-8774 **팩시밀리** 515-2007
홈페이지 | minumin.minumsa.com

도서 파본 등의 이유로 반송이 필요할 경우에는 구매처에서 교환하시고
출판사 교환이 필요할 경우에는 아래 주소로 반송 사유를 적어 도서와 함께 보내주세요.
06027 서울 강남구 도산대로 1길 62 강남출판문화센터 6층 민음인 마케팅부

한국어판 © (주)민음인, 2008. Printed in Seoul, Korea
ISBN 979 11-5888-821-3 04000
ISBN 979 11-5888-823-7 04000(set)

㈜민음인은 민음사 출판 그룹의 자회사입니다.